GRANDE COMPLAINTE

SUR LA

DÉCONFITURE

DU MINISTÈRE

PAR

Le Fou...

CUISINIER DE M. DE VILLÈLE,

AVEC DES

NOTES CONFIDENTIELLES

De MM. les cuisiniers de LL. EE

PARIS,

CHEZ LES MARCHANDS DE NOUVEAUTÉS

1828.

[illegible]

[illegible]

[illegible]

[illegible]

[illegible]

[illegible]

[illegible]

UN MOT EN PASSANT.

Ils dansent, ils chantent, ils s'a-
musent; mais moi jé né m'amuse
plus. Mes fourneaux ont cessé de
fumer; en révanche jé puis fumer
tout à mon aise et arpenter, les
bras en croxi, les galéries dé l'hôtel.

Qu'est devenu cé temps, cet hurux temps, où soixante marmitons
suffisaient à peine au ménu dé Son
Excellence, où quatorze casséroles
étaient toujours en activité dé ser-
vice, et où quatre broches tour-
naient sans rélâche ? On n'avait pa
alors lé loisir dé changer dé bonne
dé coton, et c'est tout au plus s
l'on trouvait célui dé sé lécher les
doigts une fois par jour.

Qu'ils sont courts dans cette vie les instants de bonheur! Combien (s'il est permis dé mé servir à Paris d'une comparaison dé Toulouse), combien la roche tarpéienne est-elle près du Capitole! Aujourd'hui au comble dé la gloire dans une cuisine, démain plongé dans l'infortune au sommet d'un galétas; il y a trois ans arriver à Paris lé front ceint d'un laurier de Baïonne, et maintenant sortir de cette capitale tout déconfit et la pelle au c...!!! Jé n'achèverai point. O misères humaines! misères humaines!!!

Mais n'importe! c'est à lúi qué jé dois ma gloire, mon élévation, ma fortúne, tout enfin, excepté mon talent. Jé n'aurai point lé cur dé lé trahir dans là disgrâce, comme ces gros messieurs dé la Gazette, qui né rougissaient pas dé lui dé mander hier au soir lé mois échu. Jé ferai plus, j'oserai chanter sa chute; jé mé métamorphosérai en poëte pour célébrer les bienfaits dé celui qué j'hévergeai si long-temps. Il m'a toujours payé recta ; lé caissier du trésor né m'a jamais fait attendre un quart d'hure. mes honoraires : il prenait mon réçu d'une main, il mé donnait ses écus dé l'autre, et mé disait encore d'un ton amical : Bonjour Lefort, à quoi je répondais : C'est trop d'honnur pour moi. Tout cela a mitonné dans ma mémoire, et cap dé bious ! jé né sérai pas ingrat !

La disgrâce dé monseignur va mettre, hélas ! sur lé pavé bien d'honnêtes gens, car il n'est pas probable qué son successeur n'ait pas ses créatures ; tout lé monde a les siennes par lé temps qui court. Déjà toutes les diligences dé Toulouse et dé Bordeaux sont arrêtées: Cette cuisine qui faisait l'admiration dé l'Europe est dissoute et licenciée, à son grand étonnement. Nous, les auteurs dé sa gloire, nous allons nous éparpiller dans les départements méridionaüx, l'un ici, l'autre là, célui-ci à droite, célui-là à gauche. Ça va être la désolation dé la désolation. Avant dé nous séparer nous avons voulu perpétuer par un monument solennel notre ancienne renommée et notre infortune présente, Et quel monument plus durable qué celui de notre réconnaissance et dé nos regrets! Cé pétit livre est notre colonne dé la place Vendôme. Nous y inscrivóns, si ce ne sont nos noms (les noms ici ne fout rien à l'affaire), du moins la justification complète du maître que nous plurons. Et quel maître ! Diu dé Diu ! lé meillur maîtrc des maîtres, un maître qué les philosophes et les libéraux, qui forment ensemble les sept huitièmes dé la population dé la France, pouvaient seuls méconnaître et outrager. Patience ! tout finira. On sé console des plus grandes calamités avec des écus légitimement acquis ; et d'aillurs, comme disent les révérends pères de Mont-Rouge, l'estime du bon Diu vaut bien celle des hommes.

Ici nous éprouvons lé bésoin de faire la part d'un chacun, afin qué les lecturs dé cé pétit livre n'attribuent point à Jean cé qui est à Pierre, et à Pierre cé qui est à Jean. C'est pourquoi jé déclare ici, la main sur lé cur, qué cette préface et tous les vers sont de moi, cuisinier de moussu de Villèle, et les notes curitises qu'on trouve au bas des pages sont dé mes confrères ou collègues messius les cuisiniers des autres excellences, lesquels, pour raison à eux connues, n'ont pas voulu attacher leurs noms à cette brioche, que jé souhaite que messieus les lecturs dévoreut d'un seul trait!

GRANDE COMPLAINTE

sur

LA DÉCONFITURE

DU MINISTÈRE.

Écoutez, puple dé France,
Puple du grand Missouri (1),
Puple dé Russie.... aussi (2)
Du cap dé Bonne-Espérance (3),
Lé grand coup du sort, hélas!
Qui mé coupe jambe et bras.

(1) C'est comme qui dirait lé pays dé ces Osages qu'on a vus au balcon dé l'Opéra boire du vin dé licur et manger des tartalettes à la confiture ; braves gens ma foi, et qui avaient des panses vraiment constitutionnelles. *Note du cuisinier des affaires étrangères.*

(2) *Dé Russie... aussi.* Quel goût, quelle délicatesse dans ces *si!!!* *Note du cuisinier dé l'instruction publique.*

(3) *Lé Cap dé Bonne-Espérance.* C'est

Des rives dé la Garonne
Moussu Villèle jadis (1)
Mé fit vénir à Paris
Pour héverger sa personne,
Et jé lé vis, j'en réponds,
Avaler dé fiers bouillons (2).

Jé soignais bien d'autres panses ;
Et ces avides messius
Qu'on appelle des ventrus (3),

fort loin dé la France, et dé l'autre côté dé
la mer. Il n'y a pas de bonne espérance dé
cé côté-ci. *Encore les affaires étrangères !*

(1) *Jadis* c'est-à-dire il y a long-temps.
En France avec certaines personnes les
journées ne sont pas toujours courtes. *Lé
cuisinier du ministère dé justice et d'a-
mour.*

(2) Et il n'est pas le seul. La France entière a souvent joui dé cé spectacle. *Tous les
cuisiniers réunis.*

(3) *Ventrus,* hommes à gros ventres. Nous
en avons beaucoup en France dépuis *la res-
tauration. Lé cuisinier dé l'intérieur.*

Des pairs (1) ou des excellences,
Auraient pu, sans sé gêner,
Manger la France à dîner (2).

Pour soutenir cette table
Il fallait dépenser gros,
Et quelquefois aux zéros
Faire une qüe effroyable (3):

(1) *Les pairs.* Nous en avons septante-six nouveaux. Honnêtes gens, dit-on, mais qué personne né connaît, excepté un pétit journal appélé *La France chrétienné*, léquel nous en apprend dé fières sur leur compté. *Lé même*

(2) Et ils en étaient capables. Encoré un mois, et ils dépuplaient les lacs, lés rivières, les bergeries, les étables, les potagers et les bois de toute la France. Gargantua auprès d'ux n'était qu'un pétit garçon. *Lé même.*

(3) C'est comme les fourniers gascons, qui posent dus et retiennent huit ; cé qui est permis, pourvu qu'on dise : Jé pose dus *tout haut*, et jé rétiens huit *tout bas. Lé cuisinier des affaires ecclésiastiques.*

Or les bourgeois qui payaient
Comme des ânes criaient (1).

Ils disaient qué Bonaparte
Les traitait moins chérément (2).
Mais ils oubliaient vraiment
Qui payait alors la carte (3),

(1) Jamais on n'a vu dé pareils braillards,
dé pareils chicaneurs. Un homme avec ux
né put pas gagner tranquillement sa pauvre
vie. *Lé cuisinier de la justice.*

(2) Quelle bêtise dé comparer le budget
d'un usurpateur à célui dé sept ministres
légitimes ! Eh ! messius les chicaneurs,
comptiez-vous donc pour rien l'honneur dé
les avoir à votre tête ? Ventrébleu ! vous êtes
tous des ingrats ! *Lé cuisinier dé l'intérieur.*

(3) Qui la payait ? Jé m'en vais vous le
dire. C'étaient les Prussiens, les Italiens,
les Wesphaliens, les Badois, les Bavarois,
les Danois, les Suédois, tous les peuples
enfin de l'Urope : braves peuples qué nous
opprimions et qui nous ont si chrétienne-
ment rendu lé bien pour lé mal, *Lé cuisiniers de la guerre.*

Quand on vit chez lé voisin
N'épargne-t-on pas son bien (1)?

Lé *trois pour cent* plus encore
Leur fit jeter les hauts-cris (2).
Si nous leur avions tout pris
Qu'eussent-ils dit ? Jé l'ignore.
Dé deux mots lé moins affrux
Nous rend toujours trop hurux (3).

(1) C'est juste comme l'or, tous les ministres le savent bien. *Voisin* et *bien* ne ri-
ment par trop. Mais que nous importe la
rime, quaud nous avons la raison. *Tous les
cuisiniers réunis.*

(2) Ça fut un train, un train comme si
on lui eût arraché la peau dé dessus les os.
Tant d'argent est-il donc nécessaire au sa-
lut dé l'âme? *Lé cuisinier des affaires
ecclésiastiques.*

(3) L'Ecriture nous l'a dit : Il né faut
pas considérer notre malhur d'après les
maux qui nous arrivent, mais d'après eux
qui né nous arrivent pas, et nous serons
toujours alors suffisamment hurux. *Lé
mente.*

Pourquoi porter tierce et quarte (1)
A la septennalité,
Gage de stabilité
Qu'avait oublié la Charte (2),
Et berner depuis six ans
Des Jésuites bien pensants (3) ?

Pourquoi sur lé droit d'aînesse
Entasser des quolibets ?
Les Français sont des bériets

(1) Expression favorite dé mon bourgeois. *Lé cuisinier dé la justice.*

(2) Si on nous ût laissé encore quelques
années au ministère, nous aurions prouvé
qu'elle avait oublié bien d'autres choses.
On ne s'en fait pas nue idée. *Lé cuisinier
dé l'intérieur.*

(3) Gens excellents, bons à tout, qui
font un ragoût et un article dé journal,
qui tournent la bioche, chantent lé *De pro-
fundis,* et font la charge en douze temps ;
gens précieux, dont on né sentira lé mérite
qué quand on né les aura plus. *Lé cuisinier
dé la guerre.*

Qui sentent mal la noblesse (1),
Et n'ont pu comprendre un jour
La justice ni l'amour (2).

L'industrie et lé commerce
Sont, disent-ils, aux abois (3).
Hélas ! ces pauvres bourgeois
Raisonnent en sens inverse.

(1) Jamais ils n'ont compris lé droit
d'aînesse. Passe encore pour les cadets !
mais les aînés y ont mis dé l'entêtément.
Jamais on né féra rien d'un pareil puple.
Lé cuisinier dé l'intériur.

(3) Quelle loi et quel article dé journal !
Il faut avoir l'esprit bien obtus pour n'a-
voir pas compris tous cela. Quand on né
sait pas à propos imposer silence aux enfants, qué dé bêtises né disent-ils pas ? *Lé
cuisinier dé la justice.*

(3) Et pourquoi tant dé commerce, s'il
vous plaît ? Pourquoi tant d'industrie ? Il y
en avait bien moins avant la révolution, et
lé peuple né sé plaignait pas. *Lé cuisinier
de la justice.*

Pourquoi vouloir plus semer
Qué l'on né peut consommer (1)?

Lé pain est cher, je l'avoue (2),
Mais à qui la faute encor?
A ces libéraux, dont l'or
Des moulins retient la roue (3),

(1) C'est la doctrine dé monsiu dé Saint-Chamans: et, corb'u! sa doctrine a raison. Quand on n'a qu'une bouche, pourquoi faire des provisions comme si l'on en avait trente. *Lé cuisinier dé l'intériur.*

(2) Jé l'avoué, c'est-à-dire jusqu'à un certain point. Il a été beaucoup plus cher du temps dé la Ligue et pendant la terrur. Mais lé pain est-il donc si nécessaire à l'existence? Plusieurs docturs prétendent qué c'est un poison lent, et, dans presque toute l'Amériqué, on lé remplace par lé manioc, qui est aussi un poison lent, mais seulément quand il n'est pas cuit. *Lé cuisinier des affaires ecclésiastiques.*

(3) Des libéraux ont payé des muniers pour qu'ils refusassent de moudre le grain qu'on leur apportait. Jé tiens lé fait d'un

Et qui déjeunent par cœur
Pour mieux vexer monseigneur. (1)

Dé la loi du sacrilége
Ils nous réprochent l'abus.
Qui pourtant eussions-nous vus,
Sans cet utile manége,
A confesse, aux missions,
Ou même aux processions (2)?

dé mes compatriotes. C'est, jé crois, moussiu
dé Fouvielle, chévalier dé l'éperon d'or du
pape, et sécrétaire perpétuel dé l'Académie
dés Ignorants, quoiqué cé soit un homme
d'ésprit, parole de Gascon ! *Lé cuisinier dé
la marine.*

(1) C'est encore un fait. J'en connais qui
en sont capables! *Lé cuisinier dé la police.*

(2) Sans cette lôi salutaire, aurions-nous
jamais vu des croix lumineuses dans les
airs, et des miracles, dans les complaintes ;
une dame de haute naissance exposer ses
petits pieds délicats au choc des pavés, au
contact dés boues ; et un maréchal dé France, couvert dé cicatrices, s'élancer à l'im-
mortalité un cierge dé deux livres à la main?
Lé cuisinier dé la guerre.

*

La censure à la jeunesse
Sauve des désagréments (1).
Ne faut-il pas, mes enfants,
Pour empêcher que sans cesse
Vous ne vous cassiez le cou,
Etablir des garde-fous (2) ?

On vous a conté, je pense,
L'affaire dé d'Appony.
Cé pauvre homme fut honni

(1) Quand la censure n'existe pas, lé journaliste qui dit des bêtises va coucher à Sainte-Pélagie. Mais c'est bien différent quand elle existe : lé journaliste né risque rien, et la censure prend sur son bonnet toutes les bêtises. *Lé cuisinier dé la justice.*

(2) Jé suis forcé dé convénir ici que cette comparaison né nous appartient pas ; elle est tirée tout entière d'une fable dé monsiu dé Fonvielle dé Toulouse, chévalier de l'éperon d'or du pape, et sécrétaire perpétuel de l'Académie des Ignorants, autur déjà cité, qui fait des vers aussi facilement que moussiu dé Voltaire. C'est, au reste, la sule

Pour avoir, par négligence,
Dépouillé nos maréchaux
Du nom dé certains enclos (1).

On lui jéta la colonne
A la tête sans pitié (2);
Mais notre active amitié
Dit, pour sauver sa personne,

chose commune entre ces dux grands génies.
Lé cuisinier des affaires étrangères.

(1) Cet ambassadur autrichien commit
la grande inconvénance d'appéler les maréchaux par leurs noms, au lieu dé faire usage
dé eux dé lurs duchés. Lé pacha dé Da-
mas fut tenté, dit-on, dé suivre son exem-
ple, et d'enléver son titre an duc dé Da-
mas. *Lé cuisinier des affaires étrangères.*

(2) On né comprend pas trop pourquoi
moussiu Hugo et d'autres poètes ont voulu,
à toute force faire jouer un rôle à cette hon-
nête colonne dans une pareille affaire. Qu'y
a-t-il aujourd'hui dé commun entré cé monument et nos maréchaux? *Lé cuisinier des
affaires ecclésiastiques.*

Qué son hôtel dé Paris
Dans l'Autriche était compris (1).

La gardé nationale,
Assemblée au Champ-de-Mars,
Osa sous ses étendards

(1) Des libéraux firent, à cette occasion,
cette méchante épigramme :

Quel nom donnera-t-on à notre beau pays?
Ce censeur dé Madrid pretend que c'est l'Espagne;
La Menais dit c'est Rome. Un autre, à son avis,
Soutient qu'être à Paris c'est vivre en Allemagne.
Nous serons bien heureux, à la fin du procès,
    Si, par un effort de clémence,
    Ils laissent sur le sol français,
Un pouce de terrain pour y loger la France.

Lé cuisinier des affaires étrangères.

Nous huer avec scandale (1).
Soudain, ni vus ni connus,
La garde n'exista plus (2).

Dé la funèbre voiture
Du duc Lärochefoucauld (3),
La bière dans lé ruisseau
Tomba par mésaventure.
Ce malheur, l'eussions-nous eu
Si l'on sé fût mieux ténu (4)?

(1) Les enragés ! jamais ils n'avaient été aussi hardis. Au retour ils crièrent même sous nos fénêtres, et notre cur fut impitoyablement déchiré, parole d'honñur ! *Lé cuisinier dé la justice.*

(2) Ils disent que les morceaux du vase casé sé rétronvéront bientôt : a la bonne hure si nous n'étions pas la. *Lé cuisinier des affaires ecjésiastiques.*

(3) Il ût fallù, nous dira-t-on, mettre lé *dé*. Oui, s'il sé fut agi d'un des nôtres ; mais les libéraux prétendent né pas ténir à ces vétilles, or lé pauvre duc était libéral, et des solides encore. *Lé cuisinier dé l'intérieur.*

(4) C'est vrai ça. Au jour d'aujourd'hui

Nous eûmes encor du trouble
Au convoi de Manuel ;
Mais, les cernant sans appel
Entre une brigade double (1),
Nous lur prouvâmes fort clair
Qu'il leur en coûterait cher (2).

Les élections en somme
Ayant mal tourné pour nous (3),
Le tourniquet en courroux

les jeunes gens ont la fureur de vouloir
porter eux-mêmes certains morts en terre,
cé qui les fatigue trop en vérité, et cé que
nous avons à cur d'empêcher, dussions-nous
les faire sabrer pour lur plus grand bien.
Lé cuisinier dé la police.

(1) Evolution magnifique et qui vivra
plus qué la gendarmerie de Paris. *Lé cuisinier dé la police.*

(2) Aussi sé contentèrent-ils dé pronon-
cer sur la tombe dé cé grand orateur quelques beaux discours qui nous fendirent à
nous même lé cur. *Lé même.*

(3) Lé récévur général du Gard laissait
l'option entre M. Pillet et Jocko. Les élec-

Refusant plus d'un grand homme (1),
Nous fîmes aux lampions
Payer les élections (2).

Cette vengeance légère
Nous avait rendus contents (3) ;
Mais soudain, quel contre-temps !

turs n'ont voulus ni dé Jocko ni dé M. Pillet. C'est en vérité avoir trop de guignon. *Lé cuisinier dé l'intériur.*

(1) Dans lé départément du Doubs, ils n'ont pas voulu élire M. dé Moustiers, président du collége dé Beaune, qui cépendant, pour les éblouir, avait endossé son grand costume d'ambassadur, brodé d'or de la tête aux pieds, couvert dé crachats, dé décorations, dé cordons dé toutes coulurs. C'est vexant. *Lé cuisinier des affaires étrangères.*

(2) On a dit qu'on avait tiré à balles sur lé peuple. C'est faux. Cé n'était pas sur lé peuple, c'était sur des maçons. *Lé cuisinier dé la justice.*

(3) 'Mes seignurs étaient fiers comme des Artabans.' Il y avait bien dé quoi. Les li-

On apprend au ministère
Qué Rigny, sous Navarin,
Aux Turcs a fait prendre un bain (1).

Chers Turcs! quelle peine extrême
Pour nous dont les capitaux,
Vous donnaient chefs et vaisseaux (2);
Nous, dont lé visir lui-même (3)

héraux dirent qué c'étaient les mouchards
qui avaient tout fait. Mensonge! ventrébleu!
Lé cuisinier dé la police.

(1) Et un bain solide, encore! Aussi lé
roi d'Angleterre, qui est un libéral enragé,
lui a-t-il envoyé l'ordre du Bain. On né
dit pas cé qué ça rapporte. *Lé cuisinier dé
la marine.*

(2) Des chefs qu'enrôlait notre compa-
triote moussiu lé marquis dé Livron, des
vaisseaux à trois ponts qui sortaient du
chantier dé moussiu l'Olive dé Marseille.
Et tout ça pour être brûlé par cé guzard dé
Rigny. Miséricorde! *Lé même.*

(3) Un visir en Turquie, c'est un ministre, voyez-vous. Il faut sé familiariser

En vrai bostangi-bachi (1)
Vous récévait à Clichi (2).

Cette effroyable nouvelle
Est un supplice pour nous (3).
Irons-nous planter des choux ?
Disait moussu de Villèle.
Garçons ! plus dé fricandeaux !
Éteignez-moi ces fourneaux (4)!

avec la langue d'un pays dont lé gouverné-
ment ressemble au nôtre un pu plus qu'on
né croit. *Lé cuisinier des affaires étrangères.*

(1) C'est l'intendant des jardins du grand-
seignur. Bonne place, ma foi, et qui né
rapporte pas mal. Moussiu dé Villèle sé l'é-
tait adjugée en France pour récévoir les
junes Egyptiens que nous a expédiés notre
ami lé pacha. *Lé même.*

(2) C'est la pension où démaurent les ju-
nos Egyptiens susdits. *Lé même.*

(3) Et un fameux supplice, jé vous en
réponds. Messeignurs étaient d'une humur
dé chiens. On n'y ténait pas. Vrai ! *Lé cuisinier dé l'intériur.*

(4) *Ao grand haot doublé Diu bibant !*

Piet, qui revenait du prône (1),
Pâlit à cé triste mot,
Et son visage aussitôt
S'allonge dé plus d'une aune.
Sans un repas bien dodu
Piet est un homme perdu.

a-t-il ajouté. C'est lé juron ordinaire dé *on excellence. Tous les grands hommes ont u lé lur. Henri IV disait : *Ventré saint gris. Lé cuisinier des affaires ecclésiastiques.*

(1) Piet, famux gastronome, lé Lucullur des trois cents, qui, aux dernières élections, avait mal dressé ses battéries.... dé cuisines. Cé n'est pas étonnant ; lé plus embarrassé, comme on dit, est célui qui tient la qûe dé la poêle. Après cé cruel événément, les libéraux urent la barbarie dé lui décocher cette méchanté épigramme :

Avide à la curée, il ronge avec dépit
Tous les os que lui jette encor le ministère ;
Piet, dîneur vétéran, étouffé de colère,
Quand a la demi solde on met son appétit.

Quelle infamie ! *Lé même.*

Mais dans mainte cheminée
Crac! voilà lé fu qui prend.
Chez nous pareil accident
Est fort rare dans l'année (2) :
Il vient dé cé qu'on brûlait
Plus d'un papier indiscret (3).

Au dedans on désespère ;
Mais on tient bon au déhors (1) :

(1) Attendu qu'à raison des grandes fri-
casses dé tous les jours, on est fort exact à
faire ramoner les cheminées. On a pour ça
un ramonur à l'année. *Note du cuisinier dé
moussiu Piet.*

(2) C'est-à-dire des papiers qui disent
ci, qui disent ça ; des papiers contre Jean
et contre Pierre ; des papiers enfin qui pu-
vent compromettre quand on n'est plus au
pouvoïr. Pareil fu à pareil occasion a éclaté
aux cheminées de l'intériur, des finances,
du conseil d'état ; et cé n'était pas des fux
de paille, jé vous en réponds. *Lé cuisinier
dé l'intériur.*

(3) On fait, comme on dit, contre for-
tune bon cur. On avale sa langue ; et ma-

La *Gazette* avec efforts
Combat pour lé ministère,
Soutient lé contre et lé pour,
Dit blanc et noir tour à tour (1).

Pourtant viennent les étrennes ;
Point de cartes à l'hôtel !!! (2)
Un bruit triste et solènnel

dame Fouquier-Long, la femme d'un dé
nos amis dé Rouen, rougit mainténant en
signant ses lettres : Femme Fouquier, *née
Long.* C'est un fait. *Lé cuisinier de l'intériur.*

(1) Dépuis un mois ils ont bien gagné
lurs honoraires à cé dur métier. Jamais, à
partir dé moussiu Rousseau le philosophe,
on n'avait manié plus hurusément l'arme
dé la parole. *Lé cuisinier dé l'instruction
publique.*

(2) J'ai vu, dé mes yux vu, cé qui s'appelle vu, lé suisse, la veille encore bcccupé
à faire ranger avec sa hallebarde les brill-
lants équipages qui encombraient les cours,
sé réposer dans sa loge les mains jointes et
appuyées sur son large ventre. Lui s excel-

Circule à Toulouse, à Rennes (1).
Notre procès est jugé :
Ils ont réçu leur congé.

Lé *Journal des Débats* donne
La liste des successeurs (2) ;
On né voit qué voyageûrs
Chéminant vers la Garonne (5).
C'est une procession
Digne d'une mission.

lences sules ont échangé entre elles des cartes dé visite. *Lé cuisinier dé la justice.*

(1) Tou'ouse ét Rennes, pàtries dé moussius dé Villèle et dé Corbière, bien plûs hurux en cela qué Homère, dont on n'a jamais pu connaître la ville natale. *Lé cuisinier des affaires étrangères.*

(2) Et le *Moniteur* aussi, mais dux jours après, lé plus tard possible, voyez-vous, parcé qué l'on né vut pas sé presser dé montrer au monde sa déconfiture. *Lé cuisinier des affaires ecclésiastiques.*

(3) On né trouve plûs un pétit bidet à

L'uu sur quelque histoire antique (1)
Va consumer ses vieux ans ;
L'autre traiter les paysans
En vrais nègres d'Amérique (2) ;
L'autre à plaider est tout prêt
S'il n'enseigne lé fluret (3).

la moindre porte. La population toute en‑
tière semble réfluer avec nous du nord au
midi. Cé que c'est qué d'avoir ù lé talent dé
sé faire aimer ! *Lé cuisinier dé la justice.*

(1) C'est moussiu dé Corbière, qui vut
bien, dit-on, nous suivre en Gascogne, où
il s'établira libraire sans brévet, si son suc‑
cessur né lé tourmente pas trop. *Lé cuisi‑
nier dé l'intériur.*

(2) C'est moussiu dé Villèle. Il se pro‑
posé d'essayer sur les blancs uñ petit sys‑
tème dé philanthropie qui lui a parfaitement
réussi autrefois sur les noirs. *Lé cuisinier
des finances.*

(3) C'est moussiu dé Péronnet. Tout
considéré, il est déterminé à rouvrir sa
salle d'armes. Il voudrait bien avoir pour
second moussiu Duclos, son ancien ami,
qui se promène les bras croisés au Palais-

Dieu leur donne bonne chance (1)!
Moi dans un pétit lopin
Jé vais dé mon saint-crépin
Faire durable bombance,
Et consommer au pays
Les viux écus dé Paris (2).

Ainsi soit-il !

Royal avec une Barbe de six mois ; mais moussiu Duclos lui garde rancune. *Lé cuisinier dé la justice.*

(1) Ils doivent réussir, parole d'honnur! Car jé suis d'avis qu'ils ont plus d'aptitude pour ces divers états que pour célui dé ministre. Il est vrai qu'il n'en est pas dé plus sciant. *Lé cuisinier dé la guerre.*

(2) Bien pensé! Tel est aussi notre projet à nous tous. Qué Diu nous séconde! et qu'il fasse surtout qu'en allant quelqué jour acheter notre burre, nous né récévions pas des mains dé la marchande la susdite complainte en guise d'enveloppe. Nous en mourrions de douleur. *Les cuisiniers réunis.*

IMPRIMERIE DE GUIRAUDET,

rue Saint-Honoré, n.º 315.